L'ABBÉ DE ROQUARD

QUELQUES TRAITS

DE LA VIE ÉDIFIANTE

DE M. L'ABBÉ DE ROQUARD

RELATIFS

à Mgr DE VACCON, évêque d'Apt

PAR M. L'ABBÉ ROSE

CURÉ DE LAPALUD, CHANOINE HONORAIRE D'AVIGNON, CHEVALIER DE LA
LÉGION-D'HONNEUR, MEMBRE DE L'ANCIENNE ACADÉMIE DE VAUCLUSE
ET DE LA SOCIÉTÉ DES SCIENCES, BELLES-LETTRES ET ARTS,
DU DÉPARTEMENT DU VAR

PONT-SAINT-ESPRIT

IMPRIMERIE GROS FRÈRES

Faubourg La Tour, 3

1863

PONT-St-ESPRIT. — IMP. GROS FRÈRES.

QUELQUES TRAITS

DE LA VIE ÉDIFIANTE

DE M. L'ABBÉ DE ROQUARD

RELATIFS

A Mgr DE VACCON

ÉVÊQUE D'APT.

Résumer la vie de M. l'abbé de Roquard dans les deux phases de mondanité et de sainteté par lesquelles elle s'est produite successivement dans le temps et dans l'espace, tel est le but que nous nous sommes proposé en cette brochure. Quand au mobile qui nous a porté à prendre la plume, il se tire d'une part de ce que ce noble abbé, est un très grand personnage, tant à l'égard de la naissance, qu'à celui de la vertu, et de l'autre, de ce que sa vie contient maints détails intéressants relatifs à la personne et à l'épiscopat de Mgr de Vaccon avec lequel il a eu de fréquentes relations.

Composé de pareils éléments, ce mobile devait naturellement produire en nous un élan irrésistible qui avec les difficultés inhérentes à notre œuvre, nous en aurait fait surmonter de plus grandes encore, si elles s'étaient offertes sous nos pas.

La vie de M. de Roquard inédite jusqu'ici, a été redigée par M. David son contemporain, curé de Bollène et appartient aux religieuses du Saint-Sacrement de cette ville qui la conservent dans leurs archives à l'égal d'un trésor. Là, on nous le dépeint sous le double aspect où il a paru dans le monde, d'abord livré à tous les désordres de la jeunesse et puis fixé dans la vertu après une conversion éclatante. Car, au point de vue du salut de l'âme, les hommes ne débutent pas tous de la même manière ; les uns commencent bien et finissent mal : les autres au contraire commencent mal et finissent bien : et c'est à cette dernière catégorie qu'appartient M. de Roquard, heureux d'avoir pu toucher au but vers lequel tendent sans solution de continuité, ceux qui commencent bien et persévèrent dans cette route.

Quoique M. David ait été un homme instruit, on s'apperçoit bien vite en le lisant, qu'il pense mieux qu'il ne parle et que son discours laisse beaucoup à désirer sous le rapport de la forme qui n'est pas assez soignée.

Cependant chez lui, ce défaut du style qui déplait si fort aux hommes habitués à la correction et à la

pureté du langage, se trouve heureusement compensé
par les belles réflexions ascétiques qui émaillent ses
récits. Très versé dans les matières de spiritualité, comme
son ministère lui en faisait une loi, il parle de l'abondance du cœur, avec une onction toute particulière et
vous fait oublier les vices de son élocution par l'analyse
profonde qu'il fait des vertus sacerdotales qui brillent
dans son héros. On dirait après les avoir lues, que ses
savantes descriptions ne sont qu'un long appendice
emprunté au livre fameux de la *Perfection chrétienne* de
Rodriguez.

Dans sa courte préface, notre biographe s'exprime
ainsi : « J'entreprends de donner une idée de M. l'abbé
« de Roquard, prêtre de Bollène, qui peut être regardé
« comme le fondateur du monastère de l'adoration
« perpétuelle du Saint-Sacrement, quoique ce soit en
« réalité son frère, prêtre comme lui, qui ait conçu
« et mené à bien cette bonne œuvre. — Je n'écris
« point pour le public : Je sais que quand on a à
« lui offrir quelque ouvrage de ce genre, il faut avoir
« par devers soi, une ample provision de faits
« intéressants dont on puisse former une histoire
« complète ou du moins en approcher. Or, comme
« dans la question présente, cette condition n'existe
« pas, vu que beaucoup de détails nous échappent
« sur quelques unes des principales époques de la vie
« de ce vertueux prêtre, il s'en suit que le peu qu'on
« en dit ici, est trop minime pour mériter les

« honneurs de l'impression. » Ainsi M. le curé de Bollène n'a pas voulu écrire pour le public : mais comme on a toujours en vue quelqu'un en écrivant, auquel on est bien aise de communiquer ses pensées, il s'est proposé de ménager aux religieuses du Saint-Sacrement une histoire agréable, en composant pour elles la vie de leur saint fondateur. Quoiqu'il en soit, évidemment il s'exagère la pénurie de son sujet, quand il déclare n'avoir pas sous la main cette ample provision de faits intéressants, dont doit se former une biographie destinée au grand jour de la publicité. Bien loin d'avoir reconnu cette absence de matériaux dont il parle, nous nous sommes émerveillés au contraire, qu'il ait pu se rappeler à point nommé et à l'aide seule de sa mémoire, tant de belles paroles, tant de solides réflexions échappées de la bouche de M. de Roquard dans les fréquentes conférences qu'il avait avec lui. Il nous parait donc que ce qu'a voulu dire notre bon curé, par les paroles que nous avons transcrites, c'est qu'il est difficile d'écrire la vie d'un personnage quelconque, quand elle est abordée pour la première fois, et la raison c'est qu'alors faute d'une exploration antécédente, quelque coin du tableau qu'il s'agit de reproduire reste longtemps à l'état d'inconnue et qu'on n'y projette une lumière suffisante que dans une tentative venue à la suite d'une autre. Si cela est comme nous le croyons, nous voilà en de meilleures chances que M. David, puisqu'il nous est loisible de profiter de son travail, travail plus méritoire à tous égards que le nôtre, ayant dû le tirer exclusivement de son propre fond après de longs et pénibles labeurs.

Avant d'entrer dans le cœur de notre œuvre, un mot sur la célébrité de la maison de Roquard ne sera pas ici déplacé. Les Sires de Roquard, seigneurs de Vinsobres, de Beaujon, co-seigneurs de la Garde, de la Mothe et autres lieux fesaient remonter leur origine aux temps les plus reculés de la féodalité. Illustres par leur noblesse et leurs grandes alliances, ils possédaient de riches domaines, non-seulement dans les pays dont ils portaient le nom, mais encore dans beaucoup de villes et villages de notre arrondissement. Un des rejetons de cette noble race vint s'établir à Bollène au temps de la guerre des Albigeois, lorsque l'armée commandée par Raymond VI comte de Toulouse et de Forcalquier, après avoir saccagé la ville de Saint-Paul-trois-Châteaux, ravagea la contrée qui formait autrefois le pays des Tricastins. Les descendants de ce noble seigneur, sages et habiles dans le conseil autant que vaillants dans les combats, occupèrent à Bollène les premières places consulaires. Respectés des grands et chéris du peuple qu'ils soulageaient dans sa détresse, ils firent servir leur influence à consolider la prospérité dans leur patrie d'adoption et à y maintenir les douceurs de la paix. A l'exemple de ses ancêtres, M. Louis-Honoré de Roquard, chef de la branche aînée, avait embrassé la carrière des armes : sa valeur, ses talents lui valurent un avancement rapide dans la marine et le collier de l'ordre de Saint Michel. Le temps où il vécut fut une époque glorieuse pour les fastes de l'armée de terre et de mer. Il sut se faire remarquer parmi une foule d'officiers expérimentés et courageux à qui il ne manqua que la chance pour faire des actions d'éclat. Aussi heureux du côté des alliances que de celui des honneurs, on assure qu'il était allié à la famille d'Orléans. Ainsi, rien ne manque à l'aïeul de celui dont nous essayons cette notice, et si la gloire de ce monde peut ajouter quelque chose au prestige de la vertu, nul n'était plus digne que lui de recueillir ce surcroit de bonheur.

Attachons-nous maintenant à la belle individualité de M. de Roquard : et au cas qu'il nous allarme d'abord par les écarts et les égarements de sa jeunesse, souvenons-nous que bientôt il nous édifiera par la pratique des plus sublimes vertus.

M. Joseph-François de Roquard naquit à la Rochelle, où son père, officier supérieur de marine s'était marié. Il était à l'âge de trois ans lorsque celui-ci résolut de venir avec sa famille se fixer à Bollène, berceau de ses nobles ancêtres. Il avait quatre enfants, une fille aînée dont Dieu s'est servi pour commencer la fondation d'une maison religieuse, le fils dont nous parlons en ce moment, un autre fils qui a été le bonheur de toute sa famille, et enfin une fille qui comme sa sœur a vécu dans l'éclat de la plus haute piété. Le père et la mère de M. de Roquard arrivèrent donc à Bollène avec ces enfants de bénédiction : Ils nous apportaient, dit M. David, un trésor dont notre ville la première devait profiter. On verra plus loin que le second d'entr'eux devait jeter un grand lustre sur l'épiscopat de Mgr de Vaccon, et que c'est à lui que nous devons en partie la révélation des hautes vertus de ce prélat qu'on ne connaissait que d'une manière générale, sans rien savoir à cet égard de particulier. C'est la raison pour laquelle l'article de Mgr de Vaccon dans l'histoire de M. Boze est reduit à de si minimes proportions et qu'il laisse tant de choses à désirer, non pour le détail de ses actes administratifs, bien connus d'ailleurs, mais pour celui de ses qualités éminentes que personne jusqu'à ce jour n'avait été en mesure de nous faire connaître d'une manière circonstanciée.

Le jeune M. de Roquard reçut dans ses premières années, une éducation conforme au génie des gens du monde, c'est-à-dire, une éducation mondaine, sans dessein cependant de la soustraire aux procédés de l'éducation chrétienne. Car le père de M. de Roquard, tout militaire et grand seigneur qu'il était, avait un grand fond de religion et la preuve, c'est que quand il venait de son *département* passer quelque temps en permission dans son pays, il nouait des relations avec ce qu'il y avait de plus pieux à Bollène et ne rougissait pas d'y accomplir les pratiques de la religion. Ordinairement il profitait de ces sortes de vacances pour donner des conseils à son fils aîné, et si la légéreté de l'âge ne permettait pas toujours à celui-ci de tirer de ces importantes leçons tout le fruit qu'elles étaient en droit de produire, il est bien certain qu'elles laissaient en son âme un germe qui devait faire son évolution plus tard.

Ayant perdu son père de bonne heure, M. de Roquard eût l'avantage de voir sa mère s'occuper de son éducation. En effet, cette noble dame le fit passer successivement par divers colléges tenus par des corporations religieuses, et peu de temps après avoir pris une teinture suffisante des lettres humaines, elle le fit entrer au service où les desseins de sa famille et son inclination naturelle l'appellaient. Là il devint *cornette* dans un régiment de cavalerie et se lia d'amitié avec un officier ayant même âge et même grade que lui, même goût pour les plaisirs et la magnificence : *Nous en faisions de belles*, disait-il lorsqu'il repassait dans l'amertume de son cœur les premières années de sa jeunesse fort dissipée. Il aimait souvent à répéter à un ami de choix, après sa conversion, qu'un vieil officier en les voyant passer tous les deux par les rues de Strasbourg, en grand équipage et faisant le fracas auquel se plaisent de jeunes étourdis : *En voilà deux,* s'écriait-il, *qui s'ils continuent ce genre de vie, ne tarderont pas à manger le pain de munition.*

Cependant il ne resta pas longtemps au service : soit dégoût de la contrainte qu'exige la rigueur de la discipline, soit besoin de changer de situation dans ce moment de la vie où l'esprit s'ouvre chaque jour à lui-même de nouveaux horizons, il crut devoir retourner à Bollène où sa vive imagination retrouvait les doux passe-temps de son adolescence. Peu après son retour, il ne tarda pas à y former une très-forte inclination dont tout semblait devoir justifier la convenance, à raison de l'honorable position de la personne qui en était l'objet. On ne sait pas bien d'après le dire très-peu explicite de son biographe, si cette inclination avait un but parfaitement légitime, ou si elle s'agitait seulement dans le cercle d'une intrigue en dehors de toute idée de mariage. Au reste, de quelque nature qu'elle soit, cette attache ainsi que l'appelle le bon curé, devint pour M. de Roquard une source de grande dissipation et l'occasion de plusieurs voyages à Paris, où l'objet de sa passion se trouvait transitoirement. Le séjour de la capitale devait lui plaire pour cette raison. Et d'autant que lancé dans le grand monde, il désirait s'y faire remarquer, son orgueil l'entraîna en des dépenses excessives qui finirent par le jeter dans l'embarras.

M. de Roquard avait tout ce qu'il faut pour plaire au monde et en être bien venu, une belle figure, une taille élancée et un air de noblesse très caractérisé : sa naissance, sa fortune, un fond de bonne grâce qui éclatait dans son extérieur, fruit de la bonne éducation qu'il avait reçue, une aimable vivacité de caractère, tout

cela relevait admirablement les agréments de sa personne,
Ajoutez à ces traits un goût de magnificence pour les
habits et de propreté pour sa personne, qu'il portait
peut-être à l'excès, et vous ne serez pas surpris que
pourvu de tant de qualités propres à faire fortune dans
le monde, il ait dit très-souvent à des amis intimes :
C'est miracle que je n'aie pas pris racine dans Babylone :
c'était là son expression ordinaire pour peindre Paris et
les dangers qu'on y rencontre.

Cependant le jeune frère de **M.** de Roquard qui,
comme on l'a dit, s'était fait d'église, venait de fonder à
Bollène la communauté de l'adoration perpétuelle qui
devait un jour être installée dans la maison de ses
pères. Le bruit qui en arriva à Paris, jusqu'aux
oreilles de M. de Roquard, livré alors à toutes les
excitations de la mondanité, au lieu de lui inspirer des
paroles de blâme, ne suscita en lui au contraire que
des paroles d'éloge et d'approbation. C'est ainsi que
la Providence, selon **M.** David, prépare de loin dans
des cœurs fortement épris des illusions du monde, le
remède efficace qui doit ensuite les dissiper. D'abord,
il n'y avait ici qu'une simple approbation du bien opéré
par une autre main que la sienne. Mais qu'importe ;
qui peut douter qu'il n'y eût là une disposition secrète
de la part de Dieu, pour acheminer **M.** de Roquard
dans la voie du salut et lui en rendre l'accès fidèle ?
Le dessein du ciel à son égard n'était pas, nous
semble-t-il, de faire en lui un changement prompt : les

choses selon les vues de la Providence, doivent marcher d'ordinaire d'un pas mesuré. Le bon exemple qu'il trouvait dans sa famille, soit du côté de son frère qui était un saint ecclésiastique, soit du côté de sa mère et de ses sœurs qui étaient des modèles de vertus, parlait assez haut pour être entendu de son cœur plus tôt ou plus tard. Et puis, que de puissants mobiles pour l'ébranler et l'amener à la conversion ? Ici les prières de toutes les personnes qui lui étaient sincèrement attachées : là les vœux de cette communauté naissante si remplie des flots de la grâce que faible arbuste à peine implanté dans le sol, elle tendait déjà à devenir un géant des forêts : ailleurs les désirs ardents d'une population qu'animait la plus douce sympathie envers sa noble famille.

Mais combien plus ferventes encore, dit M. David, devaient être les prières de cette famille, pour un frère qu'elle chérissait, pour la brebis égarée qu'elle désirait ramener au bercail? nous pouvons les comparer en quelque sorte à celles de ces quarante martyrs, dont l'église rappelle la mémoire par une fête spéciale célébrée au commencement du carême. « Seigneur,
« devaient dire ceux qui la composaient, nous sommes
« cinq et vous en avez déjà quatre à votre service :
« nous vous supplions d'étendre votre miséricorde sur
« le cinquième, afin qu'il ne périsse aucun de ceux
« qu'enferme ce chiffre si universellement consacré
« dans l'église, à l'honneur des plaies sacrées de votre
« fils le rédempteur du monde. »

De telles prières qui nous émeuvent jusqu'au fond de l'âme, devaient être exaucées de celui qui tient même compte du plus petit désir ; elles le furent en effet : car des pensées salutaires de conversion commencèrent à germer dans son esprit et le changement qu'elles y opérèrent se trahit au dehors par une gravité contenue qui était déjà un sujet d'édification. Je ne sais rien, dit son biographe, depuis ces premières lueurs qui chez lui ne furent pas trompeuses; je ne sais rien sinon qu'il alla faire une retraite pour se rendre bien compte de son intérieur. Le choix de la maison religieuse qu'il fit pour se livrer aux exercices d'une sérieuse méditation, prouve assez qu'empressé de mettre la main à l'œuvre, il était plus désireux encore de ne pas rétrograder : car, ce furent les jésuites d'Avignon sous le P. Combe, homme de lumière et d'expérience, qu'il rendit dépositaires de sa pensée intime.

Cet homme de Dieu comprit par les ouvertures que lui fit M. de Roquard, qu'il avait suivi autrefois les exercices d'une retraite dont il avait retiré peu de profit, puisqu'il avait bientôt repris le même train de vie. Dans le but de lui faire éviter une nouvelle rechute, le P. Combe jugea qu'il fallait que M. de Roquard débutat par quelque coup d'éclat qui put être regardé comme une rupture décisive avec le monde, et l'affermir par conséquent dans une voie diamétralement opposée à celle que ses sectateurs se plaisent à embrasser. C'est pour celà qu'il voulut que son pénitent vint accomplir à Bollène, la communion de sa retraite : il la fit effectivement le jeudi saint à la grand'messe, dans les sentiments de la foi la plus vive, dont toute l'assistance reçut la plus grande édification.

M. de Roquard eut le bonheur depuis cette époque d'entrer franchement dans la voie qui, selon l'auteur de l'Imitation de J.-C., doit être appelée la *voie royale* pour aller sûrement à sa suite. Tout allait bien jusque là : il travaillait utilement pour lui-même et pour les autres en les édifiant de son mieux. Mais il fallait qu'il se fixât sur le genre de vie qu'il devait embrasser. Devait-il rester dans l'état séculier ou se faire d'église? tel est le doute qui s'offrit à éclaircir, aussitôt après que sa conversion fut devenue un fait accompli.

Ce doute, le P. Combe ne se crut pas assez autorisé pour le résoudre. Jaloux de favoriser autant qu'il était en lui, les pieux élans du néophyte vers la perfection dont il montait les degrés avec un courage inoui, ce religieux eut la pensée, l'excellente pensée de l'adresser à un évêque de sa connaissance, plein de l'esprit de Dieu, et cet évêque était Mgr de Vaccon, mort en odeur de sainteté, après avoir édifié son diocèse par une vie remplie de mérites et de bonnes œuvres. Puisque nous voilà sur un terrain cher à notre cœur, on nous permettra de suivre pas à pas notre biographe afin de ne rien perdre des relations qui vont s'ouvrir entre le prélat Aptésien et le noble pénitent du P. Combe. Tout le monde connaît Mgr de Vaccon, et l'on sait

2

déjà que pour rendre son épiscopat fructueux, il s'était proposé de réaliser dans Apt, l'idéal qu'avait imaginé Saint-François-de-Sales. Nous ne rappellerons pas ici les éloges que M. l'abbé Boze, si sobre dans ses appréciations donne à ce prélat digne des premiers siècles de l'église : mais nous dirons, si on l'ignore qu'il était l'ami intime de Mgr de la Mothe, évêque d'Amiens, le plus saint prélat qu'ait eu la France sous le règne de Louis XV. Et d'autant que les saints de la terre ne se lient d'affection qu'avec ceux qui leur ressemblent, il s'en suit que cette amitié doit nous faire envisager l'évêque d'Apt, comme un homme hors ligne à raison de ses éminentes vertus. Voilà, dit M. David, l'Ananie que Dieu destinait à ce nouveau Saul, pour lui faire connaître toutes ses volontés. On peut juger combien il dut être empressé de suivre un avis qui lui ouvrait une voie sûre afin de l'affranchir d'un état de perplexité qui ne lui laissait aucun repos.

M. de Roquard partit sur le champ d'Avignon pour Apt, après avoir donné avis à son frère de son voyage et du motif qui l'y avait déterminé : ce voyage fut tenu secret à Bollène, à l'exception des personnes qui par leurs prières devaient en obtenir le succès. Le P. Combe ne manqua pas d'informer à fond l'évêque d'Apt, de tout ce qui concernait l'homme éminent qu'il lui adressait : et il ajouta lui-même bientôt après, dans une conversation verbale, tout ce qui ne peut se dire dans une lettre.

Le saint prélat vit d'abord l'importance de l'affaire dont on le chargeait. Il reçut M. de Roquard avec toute la considération que méritait un homme de son rang, sur lequel Dieu pouvait avoir de grands desseins. Ces desseins se présentent à nous en ce moment et nous les voyons s'ensuivre de cette première démarche, comme les anneaux d'une chaîne tirent leur raison d'être de son point de départ. Delà pour nous l'obligation de considérer ce nouveau pas de M. de Roquard dans la carrière de la conversion, comme l'un des plus importants de sa vie ; car ce qui nous reste à dire dans la suite de son histoire, n'est que le développement des fruits qu'elle a produit. C'est donc ici comme le premier terme de cette longue série de grâces accordées par une Providence miséricordieuse, en vue de la persévérance de ce noble chrétien converti. Car ce fut le saint évêque d'Apt qui décida nettement la vocation de M. de Roquard à l'état clérical, en l'assurant qu'elle venait de Dieu et le forma lui-même à ce saint état par une préparation convenable et proportionnée en toute manière à son âge (35 ans), à son génie, à ses sentiments, à ses inclinations et au genre de vie qu'il avait mené jusqu'alors. Cela ne put point se faire, sans qu'il y ait eu de fréquentes communications entre le prélat et son élève.

M. de Roquard découvrit dans son père spirituel un saint qui avait toutes les vertus chrétiennes et sacerdotales et il conçut pour lui l'estime et la confiance qu'il méritait. Mgr de Vaccon vit de son côté dans M. de Roquard des dispositions pour le faire devenir un grand serviteur de Dieu. Les circonstances merveilleuses de sa personne et de sa famille lui firent juger que Dieu avait sur lui de grandes vues et il s'appliqua à le faire répondre à la grandeur de sa vocation. Ce fut d'abord entre le prélat et lui, un commerce de religion qui produisit bientôt cette douce et constante amitié qui a duré jusqu'à la mort du premier. Nous aurons occasion de dire dans la suite, combien cette amitié a été profitable au second pour le perfectionnement de ses vertus. Disons ici seulement avec M. David, que toute autre voie aurait pu être, par plusieurs raisons à lui connues, insuffisantes pour révéler à M. de Roquard sa vocation, ou du moins pour la lui faire suivre. Sans doute, le moindre membre de la hiérarchie peut devenir entre les mains de Dieu, un instrument de salut pour ceux d'entre les fidèles dont la préparation n'exige pas ces douces insinuations du cœur qui s'emparent des volontés les plus rebelles. Mais que n'est-il pas permis d'attendre de l'intervention d'un prélat, lorsque animé de l'esprit d'en haut, il accompagne sa parole du prestige de la dignité? Notre bon curé le pensait ainsi et nous n'avons pas de peine à embrasser son sentiment : d'où nous concluons avec lui, qu'à l'égard de M. de Roquard, s'est vérifiée cette parole de la Sagesse, que Dieu conduit les justes par des voies droites : *Justum deduxit per vias rectas.*

Il ne fallait point donner à **M.** de Roquard l'éducation ordinaire du séminaire : elle ne lui convenait pas, eu égard à son âge, à sa manière de vivre et à son caractère. Le pieux évêque l'a dit souvent à M. David dans ses fréquents voyages à Bollène, soit pour y voir son noble ami, soit pour cultiver l'amitié dont l'honorait Mgr de Simiane de Gordes, évêque de Saint-Paul-trois-Châteaux. Au reste cet aveu, il le faisait lui-même : il lui fallait, disait-il, Mgr de Vaccon pour être formé sous ses yeux, de sa main et l'avoir ensuite pour modèle. Dieu le lui donna et comment ? C'est ici qu'éclate la merveille et elle mérite bien notre attention. Il faut pour ce la que Dieu aveugle pour ainsi dire deux hommes d'une expérience consommée qui déclinent pour M. de Roquard les honneurs de la cléricature et l'abandon de l'état séculier : il s'agit ici du frère de ce noble abbé et du P. Combe si versé dans les choses de Dieu, lesquels étaient dans une identité parfaite de vues à cet égard. Enfin le dernier ouvre, ou pour mieux dire, hasarde l'avis de s'adresser à l'évêque d'Apt, et cet avis est le mot sacramentel d'où dépend la conduite de cette importante affaire.

M. de Roquard ne fut pas longtemps à Apt, sans qu'on s'apperçut à Bollène de son absence. Depuis son changement de vie, on était attentif à la moindre de ses démarches, pour voir à quoi il se destinerait. Tout le monde avait les yeux ouverts sur lui. Les ecclésiastiques de la ville, amis de son frère, lui demandaient ce qu'il était devenu : mais il en fit un secret à tout le monde, à la réserve de quelques personnes auxquelles il avait fallu en faire part : et ce secret dura jusqu'à ce qu'on dût accomplir les publications canoniques qu'il est d'usage de faire avant la réception des SS. Ordres.

Nous voyons en combinant des dates sûres que M. de Roquard se décida à entrer dans la cléricature fort peu de temps après qu'il se fût rendu auprès du prélat. Quelle joie et quelle consolation ne dut pas recevoir sa famille, quand elle apprit qu'il prenait ce parti !

« Chacun, dit ici le biographe, peut s'imaginer « quelles furent les dispositions de Mgr de Vaccon, « quand il fit la cérémonie de la tonsure, dans sa « belle cathédrale si pleine de glorieux souvenirs, et « celles de M. de Roquard quand il se vit sous la « main du pontife par qui les dons de Dieu devaient « lui être communiqués ? » L'évêque faisait sans doute une grande différence de l'aspirant qu'il avait alors à ses pieds et de tant d'autres qui se trouvaient là pour la même cérémonie. Il comprenait en effet, de quel cadeau sa main allait gratifier l'église en y introduisant M. de Roquard : et cette vue, qui en doute? animait son âme au zèle et à la ferveur qui accompagnent ces saintes actions. De son côté au contraire M. de Roquard sentait tout le prix de la grâce qui lui était faite et y répondait par un surcroît d'humilité et de reconnaissance.

Quand cet homme auparavant si magnifique dans sa toilette se vit revêtu de l'habit clérical, de cet habit de pénitence et de mort au monde, quel mépris ne dut-il pas faire de ce qu'il avait passionnément aimé au milieu de ses illusions ? ce n'est pas là une conjecture : toute la suite de la vie de M. de Roquard dans le clergé, fait juger combien son entrée en cette sainte milice dut être agréable à Dieu, de quelle abondance de grâces elle fut accompagnée et quels sentiments il y allait porter.

Ce digne serviteur de Dieu a toujours eu tant dans sa famille que dans le monastère de l'adoration, un très-grand avantage, celui d'avoir été puissamment secouru par de ferventes prières : ce que l'on doit regarder comme une grâce signalée et l'effet d'une grande miséricorde à son égard : car tout a été promis à la prière : c'est elle qui obtient tout : et Dieu use de bienveillance envers une âme, quand il inspire à ses bons amis de prier pour elle. On peut juger quelles furent les prières que firent pour M. de Roquard, le vénérable évêque d'Apt, sous la conduite duquel il s'était placé, son frère et les membres de sa famille avec la communauté naissante de l'adoration, quand ils purent se promettre contre toute espérance, de voir un jour M. de Roquard élevé à la prêtrise ? Son frère bénissait Dieu sans cesse de ce que son ayis touchant sa vocation n'avait point prévalu. Ce digne prêtre qui avait embrassé l'état clérical de bonne heure, sans avoir donné le moindre gage d'affection au monde, adorait au contraire les secrets jugements de Dieu, sur la manière admirable avec laquelle il avait manifesté sa volonté à cet égard. « Bienheureuse famille, s'écrie M. David, qui avait la consolation de se voir dévouée toute entière à son service et consacrée spécialement à la sanctification des âmes ! » C'est là une pensée qui jaillit par toutes les issues de la vie si édifiante de M. de Roquard : et c'est là aussi ce qui donnait lieu à son frère, en lui écrivant à Apt, de citer ces paroles du psaume 147 : *Non fecit taliter omni nationi : il n'a pas traité ainsi les autres nations :* l'allusion était heureuse et afin de la rendre complète, besoin était de substituer le mot de *famille* à celui de *nation*.

Ce fut le 21 février, au samedi des Quatre-Temps du carême de l'année 1728, que M. de Roquard reçut la tonsure : il fut admis aux quatre Moindres le 13 du mois de mars suivant, à l'ordination qu'on appelle de *Sitientes*. C'était l'époque où devaient commencer les publications canoniques qui précèdent la promotion aux ordres majeurs. Son frère en donna la nouvelle aux personnes de sa société habituelle et cela la veille du jour où on devait les effectuer. Quelle surprise et quel étonnement ne dut pas causer cette nouvelle à laquelle rien jusqu'ici n'avait préparé les esprits ? Car, pas une d'elles ne soupçonnait ce que M. de Roquard avait été faire à Apt, où on ne savait pas même qu'il fut. Mais ce bruit en fut bientôt répandu dans Bollène et il était aisé de comprendre, comment tout le monde en était préoccupé, la joie qu'en eurent les gens de bien, les félicitations que sa famille reçut à ce sujet de toute la ville.

Si la ferveur de M. de Roquard croissait à mesure qu'il marchait vers la prêtrise, il est permis de juger que celle de Mgr de Vaccon, ne se ralentissait pas non plus dans l'accomplissement de chacune de ces ordinations : car le premier de ses désirs était autant de faire avancer son élève en vertu, qu'il était disposé à l'élever en grade. Mgr de Vaccon en effet était un saint, ne manquant jamais de se préparer, comme il convient, aux fonctions importantes de l'ordination et d'en solliciter le succès dans ses prières. Mais à l'égard de M. de Roquard, comme il s'agissait d'un homme que Dieu lui avait adressé d'une manière particulière, afin de lui faire connaître ses volontés, il était aussi de son ministère de le mettre en mesure de les exécuter : d'où la conséquence qu'il n'oublia rien de ce que son zèle put lui suggérer afin que l'ordination devint aussi fructueuse que possible dans cette circonstance. Muni de ce secours, M. de Roquart reçut le sous-diaconat à l'ordination du samedi saint de l'année précitée, le diaconat à celle des Quatre-Temps de la Pentecôte et enfin la prêtrise à celle des Quatre-Temps de septembre. Ainsi,

Mgr de Vaccon ayant pris possession de son siège en 1722 et la promotion de M. de Roquard à la prêtrise datant de 1728, il s'en suit que le maître et le disciple eurent le temps de continuer pendant de longues années, leurs amicales relations : car Mgr de Vaccon n'est mort qu'en 1751.

Dès qu'il fut prêtre et qu'il eût reçu les derniers enseignements de son vénérable maître, il se disposa à revenir à Bollène qu'il n'avait plus revue depuis son entrée au séminaire. Son retour d'Apt ne fut point un secret pour le public, comme l'avait été son départ du pays natal. Car, autant son frère avait été réservé sur ce qui le concernait, alors qu'il s'agissait de son entrée dans l'état clérical, autant se montrait-il empressé de s'entretenir avec ses amis de ce qui en était la suite. Il avait eu une si vive satisfaction de voir son aîné, suivre la même carrière que la sienne, que c'était le sujet de tous ses entretiens, le texte de ses conversations les plus ordinaires. Le public fut donc instruit de l'arrivée de M. de Roquard. Aux approches de la ville et sur l'avenue du pont, on se pressait à son passage comme s'il s'était agi d'un prince détaché en mission, du pied du trône, pour visiter les bonnes villes de l'Empire. Pouvait-il en être autrement ? car un évènement aussi extraordinaire que l'était le changement de ce personnage, après une vie mondaine et dissipée, devait naturellement fixer les yeux sur sa personne. Mais quelle dut être la joie de sa famille et celle de la pieuse communauté de l'adoration, quand elles eurent le plaisir de le voir avec les livrées de l'église de Dieu et revêtu du caractère sacré qui lui donnait accès au sanctuaire pour y remplir les fonctions saintes? Que cette première impression dut être vive ! Et combien de larmes de la plus douce joie ne fit-elle pas répandre? Ce serait sans doute la partie la plus intéressante de son histoire que de le suivre dans cette carrière d'apôtre où on le voit édifier son pays de l'éclat de ses vertus, non moins que par l'abondance de ses aumônes dont sa fortune était une source inépuisable. Nul n'ignore qu'après avoir reçu de son frère le patronat du couvent de l'adoration, il le combla de biens au point de l'installer dans sa propre maison qui était la plus belle de la ville. Nous ne suivrons pas M. de Roquard sur ce terrain, où il y aurait pour sa biographie une si belle moisson de faits intéressants propres à nous initier dans le secret de ses vertus, dans le mystère de son intérieur. Mais on nous saura gré de faire ici une courte narration de ce qu'était sa maison avant qu'elle fut devenue un couvent et un couvent du premier ordre.

Cette maison ou plutôt ce palais occupait un vaste emplacement entre cour et jardin, ainsi qu'on le voit dans toutes les résidences des grands seigneurs. La façade en pierre de taille était ornée de sculptures, d'écussons et de médaillons dûs au ciseau des plus habiles ouvriers. De chaque côté de l'entrée principale, étaient des statues représentant des chevaliers armés de toutes pièces et la porte en bois de chêne était garnie de clous à tète de diamant. Sur le fronton apparaissaient gravées dans la pierre les armoiries de la famille, entourées de sa devise formulée en espagnol. Des statues, des panoplies, des trophées d'armes enlevées sur le champ de bataille ornaient les appartements intérieurs dont l'ameublement somptueux s'harmonisait avec la dorure des lambris et la peinture des voûtes. On remarquait à la terrasse, au - devant de la salle de réception ouvrant sur un magnifique jardin, les groupes des quatre saisons dont le fini et le travail avaient un prix inestimable. Ces statues entourées des attributs que leur donne la fable, furent enlevées plus tard par ordre des religieuses dont la pudeur craintive aurait pu s'allarmer des poses et des nus de ces divinités déchues. Le jardin parfaitement dessiné réjouissait en tout temps la vue, par une quantité d'arbres au feuillage toujours vert que l'âpre vent du nord ne fâne pas. Des berceaux de treillage, des arbres à espaliers aux fruits délicieux, des carrés de fleurs bien entretenus et des bassins qui avec leur eau limpide y répandaient la fraîcheur, en faisaient un endroit délicieux. Telle était la maison que M. de Roquard donna aux adoratrices de J.-C. et qui remaniée par un habile architecte est devenue un couvent qu'on admire à l'égal des plus beaux de ce département.

Maintenant, faisons ici une petite pause et reprenons

haleine afin de noter les pieuses anecdotes relatives à Mgr de Vaccon, que nous trouvons disseminées dans l'œuvre si intéressante de M. David. Fidelle à cette parole évangélique : *Colligite quæ superfuerunt fragmenta, ne pereant* : nous nous sommes livré à la recherche des récits du bon curé et au pénible labeur de les reproduire, avec le zèle qu'inspire le souvenir d'un grand évêque et du beau pays qu'il a administré. Les traits édifiants de sa sainte vie, ses paroles pleines d'onction et de candeur, les élans de piété qui s'échappaient de son cœur, comme le torrent de sa source, toutes ces choses nous sont apparues comme de splendides lambeaux de sa robe épiscopale qu'il était de notre devoir de recomposer, s'il était possible. Il ne s'agissait plus pour atteindre ce but, que de réunir ces lambeaux selon leurs convenances respectives, et c'est ce que nous avons fait dans l'exposé qui va suivre où le nom de M. de Roquard figure toujours à côté de celui de son illustre maître.

I

Quelque temps après que cet homme vénérable eut établi la communauté de l'adoration perpétuelle dans sa belle maison de Bollène, il fit un voyage à Marseille pour aller visiter un couvent du même institut qui y florissait dans toute sa splendeur. Ce couvent avait un grand désir de voir le bienfaiteur de celui que les sacramentines avaient formé dans cette petite ville du comtat. Je fais mention de ce voyage, dit M. David parce qu'il me donne lieu de raconter une anecdote qui se rattache à la vie si édifiante de Mgr l'évêque d'Apt.

M. de Roquard, ainsi qu'il l'avait dit à cet excellent curé, logea à Marseille chez M. de Foresta, ancien évêque d'Apt, oncle de celui qui avait décidé sa vocation pour l'état ecclésiastique. Nous l'appelons l'ancien évêque d'Apt, parce qu'il s'était démis en faveur de M. de Vaccon son neveu, et résidait à Marseille son pays natal. M. de Foresta fit toute sorte d'honnêtetés à M. de Roquard qui en reçut aussi de très-grandes de l'évêque de Marseille ayant nom Belzunce, nom enregistré par la gloire dans les annales de la religion. Ce prélat était déjà venu à Bollène et c'est à lui que le frère de M. de Roquard avait communiqué un projet d'établissement pour cette ville, d'un couvent de l'adoration perpétuelle calqué sur celui que possédait cette grande ville. Quand l'évêque fut de retour à Marseille, il apprit plus tard de ses religieuses, la suite de la bonne œuvre dont on lui avait parlé dans son voyage et la manière dont la Providence l'avait conduite au point où elle était.

Déjà connu de Mgr de Belzunce qui savait qui il était et ce qu'il était, quand M. de Roquard parut devant lui, il fut enchanté de le voir et le traita avec beaucoup de distinction : il ne l'eut pas à sa table aussi souvent qu'il l'aurait souhaité et s'en plaignit à lui dans une occasion en lui disant : *Monsieur l'abbé, il est bien difficile de vous avoir.* Au reste ce n'est pas pour raconter les honneurs qu'on lui fit dans cette circonstance, que nous rappelons ce voyage, quoiqu'il soit très-vrai de dire que ceux qu'il reçut de la part de l'évêque de Marseille peuvent entrer dans son éloge, mais pour faire ici l'exhibition du pieux stratagème dont se servit Mgr de Vaccon dans l'intérêt de celui qu'il regardait comme son propre élève.

En effet ce prélat qui avait tant secondé les desseins de Dieu sur M. de Roquard, ne le perdait jamais de vue et profitait de tout ce qui pouvait procurer son avancement dans la vertu. Instruit de son voyage, il lui donna une lettre pour une religieuse qu'il dirigeait et que Dieu favorisait de grâces extraordinaires. Il ordonna à cette fille de parler à M. de Roquard, comme elle le faisait à lui-même, selon les ouvertures que les circonstances pourraient lui fournir. Ce qu'elle fit avec beaucoup de simplicité ; non de cette simplicité d'esprit qui frise le défaut d'intelligence, mais de celle que produisent dans une belle âme la candeur et l'humilité dont elle est redevable à l'état de grâce. Mgr l'évêque d'Apt jugea avec raison que les entretiens que M. de Roquard aurait avec cette religieuse, ne pourraient que lui être profitables pour l'affermir dans le bien, en lui mettant sous les yeux l'exemple d'une vertu parfaite et le prestige des faveurs que Dieu accorde, même en ce monde, à ceux qui le servent à un certain degré de perfection. M. de Roquard comprit ce dessein : car toutes les fois qu'il rappelait l'occasion qu'il eût de parler à cette religieuse il ajoutait : « Mgr l'évêque d'Apt fit cela pour mon « bien : comme j'étais novice dans l'état ecclésiastique, « il voulut m'affermir dans mes bonnes résolutions de « renoncer au monde et à ses œuvres, en me fesant « voir ce que c'était qu'une grande vertu et l'estime « qu'il en fallait faire. »

II

Depuis que M. de Roquard, élevé à la prêtrise, était revenu à Bollène, il y donnait l'exemple de toutes les vertus. A la magnificence des habits et au faste de sa maison, il opposait la modestie cléricale la plus sévère et la simplicité la plus parfaite. Expiant, par la frugalité de sa table, les délicatesses qu'il avait jadis recherchées et ayant toujours en vue son état passé de vie mondaine et l'état saint qu'il avait embrassé, il s'occupait sans relache, à faire oublier les fautes du premier et à s'approprier les qualités du second. Le souvenir de son frère mort en odeur de sainteté, et les pieux entretiens qu'ils avaient eus ensemble sur l'excellence de l'état clérical, étaient un puissant stimulant pour l'exciter à s'élever à la perfection qu'il exige de ceux qui le professent. N'avait - il pas d'ailleurs à Bollène de bons modèles sous les yeux dans la personne de ces vénérables chanoines de la collégiale, avec lesquels il avait formé d'étroites liaisons ?

Mais parmi les secours de ce genre propres à favoriser ses progrès dans la piété sacerdotale et l'aider à s'y maintenir avec honneur, il faut mettre au premier rang, les visites que lui faisait chaque année Mgr l'évêque d'Apt qui, comme on sait lui avait voué une tendre amitié. Ce sentiment avait pris naissance dans les fréquents entretiens qu'ils eurent ensemble sur le choix de l'état qu'avait à faire M. de Roquard : mais combien il dut s'accroître lorsque ce saint prélat, dans son premier voyage à Bollène, vit de ses propres yeux, la respectable famille de son élève, et qu'il s'instruisit par lui-même en détail des bonnes œuvres auxquelles tous ses membres prenaient part avec une égale ardeur ? ce prélat qui aimait tant le bien et qui voyait celui que M. de Roquard faisait dans sa ville natale, était dans l'admiration de ce qu'il voyait et apprenait à ce sujet. Il parlait quelquefois à la communauté de l'adoration, en forme d'entretien spirituel et il lui arrivait d'être si fort attendri, que l'émotion le forçait d'interrompre son discours. « Quel fruit, « s'écrie notre biographe, ne devait pas retirer le « nouveau converti des édifiantes conversations que lui

« procuraient les aimables visites de Mgr l'évêque
« d'Apt ? »

III

Le prédécesseur de M. David dans la cure de
Bollène, voulant autant qu'il était possible, utiliser
les talents et les vertus de M. de Roquard, eut un
jour la pensée de les faire tourner au profit de sa
paroisse. Cet ecclésiastique qui était fort simple, de
cette simplicité de bon aloi qu'inspire l'esprit de l'évangile,
lui dit, sans aucun préambule : que la volonté de Dieu
était qu'il préchât et confessât afin de travailler aussi
pour le prochain. Tout étonné et en même temps
effrayé de cette proposition, le saint abbé lui répond
dans le sens des termes de Jérémie, lorsque le Seigneur
le chargeait du ministère de prophète : « Hélas, dit-il,
« je ne suis qu'un enfant dans la vertu et dans les
« choses de Dieu ; je n'entends pas encore le langage
« de la science des saints, pour le parler aux autres :
« je ne ferais que bégayer. — Non monsieur lui répondit
« le bon curé comme il fut répondu à Jérémie : ne
« craignez rien : Dieu vous destine au saint ministère et il
« vous donnera tout ce qui est nécessaire pour le
« remplir dignement pour vous et pour les autres. »
M. de Roquard voulut au préalable consulter Mgr
l'évêque d'Apt qui fut de l'avis de ce bon curé. Je

doute même, dit M. David, s'il ne commençat pas par le mettre lui-même dans l'exercice du ministère de la confession : car je sais, continue-t-il, que ce saint évêque se confessa à lui dans l'appartement qu'il lui avait donné dans son palais en cette occasion comme en toute autre. M. le curé de Bollène fut au comble de la joie en apprenant de la bouche même de M. de Roquard, à son retour d'Apt, que la décision du saint prélat avait été conforme à la sienne. Il alla donc tout de suite demander des pouvoirs pour ce nouvel aumônier dont la défiance puisait sa source dans une humilité profonde. Mgr de Simiane de Gordes, qui était alors sur le siège de Saint-Paul-trois-Châteaux, crut d'abord devoir les refuser dans la pensée que le noble abbé ne faisant pour ainsi dire, que de quitter le monde où toute la ville l'avait vu si fort engagé, il ne convenait pas de le placer sitôt sur le chandelier du sanctuaire : mais il changea bientôt d'avis, quand il sut que son vénérable ami Mgr de Vaccon avait jugé M. de Roquard digne de cette faveur.

IV

Lorsque Mgr l'évêque d'Apt approuve que M. de Roquard aborde la chaire et le confessional, entr'autres avis qu'il lui donne, on remarque celui-ci : « Achetez « de bons livres, vous êtes en mesure de le faire et

« livrez-vous à l'étude. » On lui avait appris au séminaire pendant le séjour qu'il y fît, à régler ses études pour entretenir et augmenter le fond des principes et des connaissances qu'il y avait puisées. Il se mit donc à étudier régulièrement chaque jour et il y employait tout le temps que les exercices de piété lui laissaient de disponible : « Il m'a dit, je ne sais combien « de fois, ce sont les paroles de M. David, je trouvai « dans les commencements, *le biscuit fort dur* : mais « Mgr l'évêque d'Apt, me dit parmi les avis que « son amitié me donna : étudiez en esprit de pénitence : « il le fit si assidûment et si bien, que grâce à ses « talents naturels fécondés par cette bonne pensée de « spiritualité, il se rendit apte à parler en chaire avec « facilité et à y improviser de l'abondance du cœur. »

V

Le local dans lequel l'œuvre de l'adoration avait été installée, suffisait dans les premières années de sa formation : mais devenu trop exigu pour le grand nombre de sujets qui réclamaient d'y être admis, M. de Roquard comprit qu'il fallait donner aux religieuses un emplacement plus spacieux. C'est ce qu'il fît, en les faisant passer dans sa maison patrimoniale qui offrait toutes les conditions désirables pour un monastère. Dans cette vue, il exécute son dessein par la vente de tous les effets mobiliers dont elle était pourvue, effets devenus inutiles pour son usage. Cette vente dura un certain temps : car depuis des siècles, ceux qui en jouissaient, y avaient accumulé une quantité de meubles précieux, de riches tentures, des armes de prix et une foule de ces choses que la mode et le luxe inventent pour le plaisir et l'utilité des gens du monde. Il n'en excepta que les portraits de famille dont il fit cadeau à la branche cadette de sa maison.

Quand il eut transféré ces religieuses à l'hôtel de ses pères, il alla habiter la maison qu'elles venaient de délaisser. Là, il se forma une chambre de la dernière simplicité où tout respirait cette pauvreté volontaire à laquelle il s'était voué. Cependant, attendu que Mgr l'évêque d'Apt venait chaque année le visiter, il monta dans cette nouvelle habitation, un appartement très-convenable pour ce prélat. A cet effet, il avait eu soin de conserver une certaine quantité d'anciens meubles pour lui en garnir une chambre digne de recevoir un hôte si distingué. Il avait aussi conservé quelques couverts d'argent pour en faire honneur aux personnes qui venaient le visiter : « Dans une occasion, dit son « biographe, en me montrant l'appartement de Mgr de « Vaccon, il me demanda avec une naïveté adorable s'il « n'y avait rien de trop, afin de ne pas blesser la mo-« destie de son saint ami.» — A propos de sa frugalité ou plutôt de sa modestie, voici un trait que ce même biographe nous raconte. » Il vint à Bollène un chanoine d'Apt, que M. de Roquard considérait extrêmement à raison de l'amitié qu'il portait à son évêque et à qui il donna à dîner. Dans cette circonstance m'ayant fait l'honneur de m'inviter à ce repas, il y fut fort gai et plein de bonne grâce à son ordinaire ; j'étais placé vis-à-vis du principal invité qui était le chanoine et je remarquai que celui - ci avait souvent les yeux sur M. de Roquard, enchanté qu'il était de voir son repas fort honnête, tout bien ordonné quoique en dehors de tout appareil de luxe et de cérémonie. Il s'en excusa lui-même par un trait de sa gaîté ordinaire : car ayant voulu faire boire d'une liqueur à la fin du repas, il fit apporter de petits verres de l'ancienne mode et en les présentant il nous dit : *Messieurs, je vous étale tout mon faste :* et cela fut proféré avec un air de bonne grâce qui charma l'assitance. Voilà, conclut M. David, un faste bien entendu et nullement contraire à cette modestie cléricale dont M. de Roquard était chaud partisan. »

VI

Ce digne ecclésiastique s'était tellement voué à la perfection, que son point de vue était uniquement en Dieu, seul centre d'où tout émane et où tout aboutit. Il avait une très-haute idée des fonctions du ministère à raison de la source divine dont elles jaillissent et du but qu'elles se proposent d'atteindre. Une de celles qui lui paraissaient des plus nobles, était la fonction de chanoine, parce qu'il regardait le corps priant que l'église a établi au sein du clergé séculier, comme une vive représentation de ce chœur des Anges dont les prières pleines de parfum réjouissent l'âme de la cour céleste. Ainsi aux yeux de M. de Roquard, un canonicat n'était pas comme on le croit dans le monde, une sinécure qui n'oblige à rien, sinon à un acte de simple présence à l'office : ainsi les chanoines ne sont pas comme le dit le satirique français, de pieux fainéants qui laissent à des chantres gagés le soin de louer Dieu ; mais des hommes destinés à faire sur la terre ce que les Anges exécutent dans le ciel, des hommes chargés en ce qui touche la prière, de solliciter les secours du Tout-Puissant en faveur de la grande famille chrétienne et de suppléer à l'insuffisance de ceux de ses membres à qui les occupations matérielles ne permettent pas de vaquer à ce saint exercice. Rien d'étonnant qu'avec un point de vue si sublime, notre abbé ait eu une si haute idée du devoir des chanoines. Aussi parlait-il souvent du besoin qu'ils avaient de se renouveler de temps à autre dans l'esprit de ferveur et de droite intention, afin de sanctifier leur assistance au chœur capitulaire. Car, par cela même que cette action se reproduit chaque jour et plusieurs fois par jour, il est toujours à craindre qu'elle se fasse machinalement, c'est-à-dire par habitude et sans esprit intérieur. *Mgr l'évêque d'Apt,* disait-il, *avait été chanoine et m'avait souvent signalé ce danger.*

Dieu permit pour le bien de la paroisse de Bollène desservie par un chapitre collégial, que M. de Roquard non oublieux des idées de ce saint prélat, les eut propagées parmi un clergé digne de les accepter et plus digne encore de les mettre en pratique.

VII

Les âmes qui se ressemblent, Dieu permet qu'elles s'attirent comme deux aimants de manière à former une sainte union, source des plus pures vertus ; telles étaient celles de Mgr de Vaccon et de M. de Roquard. Dans les choses qui ont trait à la piété, la simplicité de celui-ci était véritablement merveilleuse. Pourquoi s'en étonner, quand on sait qu'il a été formé à une si bonne école, sous un maître aussi expérimenté que Mgr de Vaccon, l'un de ces nobles cœurs qu'il est plus facile d'admirer que de définir? Parmi les avis de conduite qu'il reçût de ce prélat dans l'intérêt de la mortification et de la piété, il y avait ceux-ci : *ne changez pas trop souvent de linge, cela glace trop la chair (la lustre trop) : Ne comptez jamais votre argent : Apprenez à mettre un point d'aiguille à vos bas, pour n'être pas toujours obligé de recourir au service d'une fille pour cela.* Ces détails paraîtront minutieux aux gens du monde, mais à qui connaît les misères de notre nature, ils ne sembleront nullement déplacés, lorsqu'on les envisage dans leur rapport avec la sainteté de la vie. M. de Roquard me charmait, dit son biographe, quand il me disait avec un air de candeur admirable : *Mgr l'évêque d'Apt, m'a donné cet avis...* Alors je l'opposais à lui-même dans les deux conditions extrêmes où l'avaient placé la mondanité et la grâce de Dieu, et en le voyant ainsi dans une profonde humilité, je m'écriais comme Bossuet, *quel état* et *quel état*! L'évêque d'Apt qui a été son ami intime, celui à qui il a dû le bonheur d'être prêtre et dont les exemples et les conseils n'ont pas peu contribué à le faire devenir un saint prêtre, cet évêque a été un de ceux dont M. de Roquard se plaisait le plus à évoquer le souvenir. Il fit une action avant sa mort qu'on n'apprit à Bollène qu'après celle du noble abbé et dont les sacramentines furent grandement édifiées. Mgr de Vaccon était, avons-nous dit, d'une très-grande simplicité de cœur, comme son disciple à qui il l'avait vivement recommandée. Cette disposition, envisagée au point de vue ascétique est un retranchement des retours du *moi* sur lui-même, tant par rapport aux pensées de l'esprit qu'aux affections du cœur : disposition qui produit d'elle-même l'esprit de pauvreté, en bornant les désirs de l'âme à ce qui est nécessaire. Et d'autant que toute cause dans des circonstances analogues produit des effets semblables, il s'ensuit que cette simplicité de cœur avait donné naissance dans l'âme de Mgr de Vaccon, à l'esprit de pauvreté et cet esprit parut en lui excellemment dans sa dernière maladie. Là en effet, il imita le trait admirable de renoncement qu'on lit dans la vie de Saint-Thomas de Villeneuve. Ce grand saint ayant tout distribué, à la réserve du lit où il était malade, il le donna enfin à un de ses domestiques à qui il demanda ensuite la permission d'y mourir.

« J'ai appris, dit M. David, cette belle particularité
« de la vie de Mgr de Vaccon, par un prêtre du
« diocèse de Saint-Paul-trois-Châteaux qui était originaire
« d'Apt. Ah ! si M. de Roquard en avait été instruit,
« quelle édification n'en aurait-il pas reçue ? je dirai
« en parlant de sa mort, que la Providence permit
« qu'il eût en ceci, un trait de conformité avec ce
« saint prélat qui fut comme on sait, l'instrument
« dont elle se servit pour le conduire à la plus haute
« perfection. »

Nous ne suivrons pas notre biographe dans le récit qu'il fait de la mort de ce personnage, car, lorsque nous avons pris la plume, notre intention a été de rester exclusivement sur le terrain où l'on trouve le maître et le disciple s'objectivant tour-à-tour à la pensée l'un de l'autre et y faisant rayonner leurs vues et leurs sentiments afin de se les rendre communs et identiques. Cependant comme la date de cette mort, peut-être d'un certain intérêt pour l'histoire, nous dirons que M. de Roquard, décédé le 12 juillet 1777, à l'âge de 85 ans, a été inhumé dans la chapelle de l'adoration, où ses cendres ont eu la chance de ne pas rencontrer les mains sacrilèges du Vandalisme de 93.

Toutes ces anecdotes que nous venons de passer en revue, quoique à l'adresse plutôt des personnes pieuses que des gens du monde, ne sauraient néanmoins déplaire à ceux-ci, malgré la divergence de leur point de vue. Car, si épars et disseminés dans un volumineux manuscrit, ces faibles rayons jettent tant d'éclat sur la personne de Mgr de Vaccon, de quel vif reflêt ne doivent-ils pas envelopper sa vie intérieure, sa vie cachée en Dieu, alors que réunis en faisceau lumineux ils brillent avec plus d'intensité ? Sans doute, on connaissait déjà les principaux actes de son épiscopat, le zèle avec lequel il avait défendu la doctrine de l'église, l'amour qn'il portait à son clergé et les grandes libéralités qu'il faisait aux pauvres : mais que savait-on de ses vertus intimes, de ses études profondes dans les matières de spiritualité et surtout de son habileté dans l'art de former des saints ? Nous n'en saurions que fort peu de chose, si le vénérable curé qui nous a servi de guide dans cette espèce de notice historique ne nous avait révélé ces précieuses particularités.

Maintenant les deux côtés de la vie de Mgr de Vaccon, qui regardent l'intérieur et l'extérieur de l'activité humaine, nous sont parfaitement connus, depuis que la partie la plus intime de sa belle âme a cessé d'être pour nous à l'état d'inconnue. Vienne à cette heure, une bonne plume et il y en a plusieurs de bien notées dans la ville où il siégeait, et nous aurons l'avantage de posséder une biographie complète de cet auguste prélat dont la mémoire sera toujours chère à nos cœurs. On l'a dit souvent, il en est d'une biographie épiscopale, comme de la monographie d'un édifice religieux quelconque. Il n'est guère possible de bien écrire l'une ou l'autre que sur les lieux. A distance, on manque d'une foule de ces documents que l'écrivain regrette de ne pas avoir sous la main.

Et puis, comment suppléer à ce qu'on nomme la *couleur locale* dont on est si avide aujourd'hui ? On ne peut évidemment la sentir et la rendre qu'au contact des édifices ou que dans les lieux sanctifiés par les vénérables personnages que vous avez mission de faire connaître, d'autant que cette couleur tient plus qu'on ne pense à la physionomie générale d'une ville ou plutôt à l'esprit dont elle a été imprégnée. Delà, l'importance et l'utilité de ces deux genres d'écrits composés dans les conditions dont on vient de parler. Mais si le plus souvent il convient de fixer son terrain au milieu même de la ville où un évêque a siégé, afin de le faire mieux connaître sous les deux aspects de sa vie qui nous intéressent, il ne faut pas croire non plus, qu'il faille s'abstenir de faire des excursions dans des endroits éloignés, pour voir s'il n'y aurait pas lieu à faire quelque importante découverte. Car là quelquefois se trouvent des papiers précieux qui dorment encore ensevelis dans la poussière, sans qu'une main amie ait pris la peine de les secouer et de mettre au jour ce qu'ils contiennent de digne de la majesté de l'histoire. Nous en avons un exemple remarquable pour Mgr de Vaccon. Sans la vie de son illustre élève, écrite par un ancien curé de Bollène, la biographie de ce prélat serait restreinte aux seules particularités fournies par les écrivains de la localité : tandis qu'aujourd'hui, grâce aux révélations que nous venons de faire, nous avons en main toutes les données nécessaires pour recomposer au moins idéalement sa belle et noble figure.

FIN

Pont-St-Esprit. — Impr. adm. Gros Frères.

9 782014 110708